Inhalt

Branchenreport BANKEN Ausgabe 2/2011

GENIOS BranchenWissen Nr. 11 vom 25.11.2011

Branchenreport BANKEN Ausgabe 2/2011

Andreas Menzen

Kernthesen

- Die deutschen Banken haben den Stresstest der Europäischen Bankenaufsicht EBA mit guten Noten bestanden.
- Neue Herausforderungen kommen auf die Kreditinstitute jedoch durch den Verzicht auf die Rückzahlung griechischer Staatschulden zu. Zudem wird die geforderte Kernkapitalquote systemrelevanter Banken ab Sommer 2012 nicht mehr 7,5 Prozent, sondern neun Prozent betragen.
- Im ersten Halbjahr 2011 haben die Banken ordentliche Erträge erwirtschaftet. Im

dritten Quartal hagelte es jedoch Verluste.

- Sorgen bereitet der stark anwachsende Schattenbankensektor. Hedge-Fonds und Private-Equity-Unternehmen verschieben mittlerweile höhere Geldvolumen als die regulären Banken.

Beitrag

Der deutsche Bankenmarkt

Trotz eines starken Jahresbeginns im Geschäftsjahr 2011 ist nach Ansicht der Deutschen Bundesbank inzwischen davon auszugehen, dass die Banken weniger Gewinn machen werden. Auch wenn im inländischen Kreditgeschäft aufgrund der guten Binnenkonjunktur ein Plus erwartet wird, lasten doch Staatsschuldenkrise in Europa und die wachsenden Unsicherheiten auf den Ertragsaussichten der deutschen Banken. (24)

Legt man den erst kürzlich durchgeführten Stresstest II der Europäischen Bankenaufsicht EBA (European Banking Authority) zugrunde, geht es den deutschen Banken gut. Gefordert wurde diesmal eine Kernkapitalquote von 7,5 Prozent, was gegenüber dem Stresstest I eine deutliche Verschärfung bedeutete. Die zwölf deutschen Teilnehmer des Stresstests meisterten die Anforderungen mit guten Noten. Einzig die Landesbank Hessen-Thüringen (Helaba) wurde aus der Wertung herausgenommen, weil eine stille Einlage des Landes Hessen von der EBA nicht als Kernkapital akzeptiert wurde. Mit gesundem Menschenverstand betrachtet hat aber auch die Helaba den Stresstest bestanden. (1)

Seit dem Stresstest haben sich die Verhältnisse für die Banken jedoch verändert. Im Oktober wurde von den 27 Regierungen der Europäischen Union die Halbierung der griechischen Staatsschulden beschlossen, der sogenannte Haircut. Da private Gläubiger an dem Verzicht beteiligt sind, kommen auf Banken, Versicherer und Pensionsfonds Kosten in Höhe von rund hundert Milliarden Euro zu. Zu den hiervon am härtesten betroffenen deutschen Banken gehört die von der Pleitebank Hypo Real Estate abgespaltete Bad Bank FMS. In ihr wurden alle Wertpapiere und Geschäftsbereiche gebündelt, die nicht mehr zum Kerngeschäft gehören. Die FMS hatte Ende Juni noch ein Griechenland-Portfolio im Nominalvolumen von 8,8 Milliarden Euro. Zurzeit ist jedoch immer noch unklar, was der Haircut für die Banken tatsächlich bedeutet, denn die Details werden noch ausgehandelt.

Damit die europäischen Banken den Verzicht leisten können, wurde auf dem EU-Gipfel in Brüssel parallel eine höhere Ausstattung der 60 größten Banken Europas mit hartem Kernkapital zur Pflicht gemacht. Die Kernkapitalquote soll ab Juni 2012 nicht mehr, wie noch im Stresstest II gefordert, 7,5 Prozent betragen, sondern neun Prozent. Bis zum Sommer müssen die Banken darum weitere 106 Milliarden Euro auftreiben. Die größten Beträge brauchen mit 30 Milliarden Euro Banken aus Griechenland sowie mit 26 Milliarden Euro Institute aus Spanien. Italiens Banken fehlen 15 Milliarden Euro, neun Milliarden Euro sind es in Frankreich. Für die portugiesischen Banken wurde ein Betrag von knapp acht Milliarden Euro genannt. Deutsche Banken brauchen frisches Kernkapital in Höhe von rund fünf Milliarden Euro - was zeigt, dass die deutschen Kreditinstitute zumindest im Vergleich mit den europäischen Wettbewerbern solide aufgestellt sind.

Der Branchenprimus Deutsche Bank hat seine Griechenland-Anleihen schon weitgehend abgeschrieben und ist von der geforderten Kernkapitalerhöhung auch darum nur wenig betroffen. Das Kreditinstitut muss allerdings noch Gewinne von 2,8 Milliarden Euro erwirtschaften, um die Neun-Prozent-Hürde ohne fremde Hilfe zu nehmen. Analysten trauen dies der Deutschen Bank durchaus zu. Anders sieht es beim zweitgrößten deutschen Institut, der Commerzbank, aus. Sie hat erst 25 Prozent ihres Griechenland-Engagements abgeschrieben und muss darum wohl noch einmal 750 Millionen Euro als Verlust verbuchen. Die Europäische Bankenaufsicht hat für die Commerzbank daher einen Rekapitalisierungsbedarf von drei Milliarden Euro errechnet, womit die Bank mit großem Abstand den Löwenanteil des deutschen Kapitalbedarfs benötigt. Auch die Commerzbank hat allerdings den Ehrgeiz, das Geld selbst aufzubringen. Hierfür sollen Risikoaktiva abgebaut, nichtstrategische Unternehmensteile verkauft und die Gewinne der nächsten Quartale einbehalten werden. Öffentliche Gelder will die Bank nicht in Anspruch nehmen. (2), (3), (4), (12)

Weitere Regulierungsanforderungen kommen auf die deutschen Banken durch Basel III zu. Die Umsetzung der noch einmal verschärften Eigenkapitalrichtlinien erfolgt in Europa durch eine entsprechende Direktive der EU, kurz CDR IV genannt. Die neuen Bestimmungen sollen ab dem 1. Januar 2013 schrittweise eingeführt werden und sind derzeit heftig umstritten. Sparkassen und Volksbanken in Deutschland monieren, dass die strengen Regeln für international agierende Banken durchaus, nicht aber für regional tätige Institute passen. So müsse infolge von Basel III auch das klassische Mittelstandsgeschäft mit 30 Prozent mehr Eigenkapital unterlegt werden, was die Kredite an die Unternehmen verteuere. Die Kritik des öffentlichrechtlichen und des genossenschaftlichen Sektors scheint berechtigt, denn tatsächlich betreiben die deutschen Sparkassen und Volksbanken keine risikoreichen Finanzmarktgeschäfte, sondern Retailbanking. Im Ergebnis könnte sich in Deutschland die Mittelstandsfinanzierung verteuern und damit ausgerechnet die Wirtschaftsakteure treffen, die mit dem Ausbruch der Finanzkrise nichts zu tun haben. Derzeit ist es jedoch fraglich, ob die Einwürfe der deutschen Regionalinstitute in Brüssel auf fruchtbaren Boden fallen und Berücksichtigung finden. (5), (6)

Zu einer Bestandsaufnahme des Kreditsektors gehört auch das Thema der öffentlichen Akzeptanz. Ausgelöst von der Occupy-Wall-Street-Bewegung geraten die Banken nun auch öffentlich in die Kritik. Die Ziele der einzelnen Bewegungen sind zwar nicht klar formuliert, doch machen die Protestkundgebungen klar, dass die Menschen weltweit genug haben von den intransparenten Machenschaften des Bankensektors. Sogar die deutsche Bundeskanzlerin, aber auch wichtige Kommentatoren äußern weltweit Sympathie für die Proteste. EU-Kommissionspräsident José Manuel Barroso zeigte Verständnis für die Empörung auf den Straßen, denn sie seien das Resultat dessen, was sich in der Finanzwelt abgespielt habe. In Deutschland sind es derzeit die Sparkassen, die von den Banken ein an ethischen Werten orientiertes Wirtschaften verlangen. Mit ihrem Ruf nach einem Kreditsektor, der sich wieder als Diener der Realwirtschaft und der Menschen verstehen müsse, stehen die Sparkassen freilich (noch) alleine da. (7)

Unternehmen im Markt

Der deutsche Marktführer **Deutsche Bank** hatte sich für 2011 viel vorgenommen, wird die zum Anfang des Jahres formulierten Ziele aber nicht erreichen. Zehn Milliarden Euro sollte der Vorsteuergewinn 2011 betragen, womit die Deutsche Bank so viel Geld verdient hätte wie noch nie. Der Marktführer musste jedoch im dritten Quartal einen Einbruch des Nettogewinns gegenüber dem Vorquartal um mehr als ein Drittel auf 777 Millionen Euro verzeichnen. Der Grund für den Einbruch sollen deutlich geringere Erträge aus dem Investmentbanking sein. Die ausgegebene Zielmarke von zehn Milliarden Euro hat die Bank darum im Oktober aufgegeben. Keine Probleme sieht die Deutsche Bank darin, die von der EU bis zum nächsten Sommer geforderte Kernkapitalquote von neun Prozent zu erreichen. Hierfür seien weder eine Kapitalerhöhung noch staatliche Hilfsleistungen nötig, so die Bank. Gestemmt werden soll die erhöhte Quote allein durch den Abbau von Risikoaktiva und die Einbehaltung von Gewinnen. Trotz der noch immer guten Ertragslage der Deutschen Bank sollen im Investmentbanking 500 Stellen gestrichen werden. Bisher arbeiten dort 15 364 Mitarbeiter. (8), (10)

Das vielleicht größte Sorgenkind des deutschen Kreditsektors bleibt die **Commerzbank**. Das zweitgrößte deutsche Kreditinstitut hat im dritten Quartal einen Verlust von fast 700 Millionen erlitten. Vor einem Jahr hatte die Bank im gleichen Quartal noch 113 Millionen Euro verdient. Der Grund für das Minus ist das ursprünglich drei Milliarden Euro schwere Paket an griechischen Staatsanleihen, das inzwischen mit weniger als der Hälfte in der Bilanz steht. Knapp 800 Millionen Euro hat die Bank darauf noch einmal abschreiben müssen. Das am Jahresanfang formulierte Ziel, einen Vorsteuergewinn von vier Milliarden Euro zu erzielen, ist darum, ähnlich wie bei der Deutschen Bank, auf unbestimmte Zeit verschoben worden. Gerade einmal 344 Millionen Euro hat die Commerzbank in den ersten neun Monaten dieses Jahres erwirtschaften können. Experten glauben, dass die Bank auch 2011 die laufenden Zinsen von 170 Millionen Euro, die sie der Soffin zahlen müsste, nicht aufbringen kann. Den Löwenanteil der Staatshilfen hat die Commerzbank allerdings bereits zurückgezahlt. Angesichts dieser Befunde dürfte es der Commerzbank schwer fallen, die zum Sommer 2012 anstehende Aufstockung des

Kernkapitals auf neun Prozent zu schultern. Hierfür müssten aus eigener Kraft rund drei Milliarden Euro aufgebracht werden. Es ist daher wahrscheinlich, dass die Commerzbank zum dritten Mal seit der Finanzkrise den deutschen Staat anzapfen muss. (9)

Weiterhin schwierig ist auch die Lage der **deutschen Landesbanken**. Diese wurden von der Ratingagentur Moody´s in diesen Tagen deutlich abgewertet. Begründet wurden die neuen Ratings nicht mit der Ertragslage der Banken, sondern mit dem veränderten regulatorischen Umfeld. Die Landesbanken würden im Krisenfall nicht mehr unbedingt mit Staatshilfen rechnen können, weshalb sie abgewertet werden mussten. Deutlich machte Moody´s, dass die Ratings nur deshalb nicht noch tiefer ausfallen, weil die Landesbanken über Sparkassen und Kommunen im quasi-staatlichen Besitz seien. Würden die Landesbanken wie private Geschäftsbanken betrachtet, müssten die Ratings noch tiefer ausfallen. Diese Aussage zeigt einmal mehr deutlich, wie es um den Landesbankensektor steht. Eine willkommene Stärkung der Kapitalbasis beziehungsweise eine erhebliche Eigenkapitalentlastung hat den Landesbanken allerdings der Verkauf ihres insgesamt 50-prozentigen Anteils an der DekaBank an die Sparkassen gebracht. Die Veräußerung der Anteile am zentralen Fondsanbieter der Sparkassen-Finanzgruppe spülte

Einnahmen in Höhe von 2,3 Milliarden Euro in die Kassen der Landesbanken. Die niedrigeren Ratings werden die Refinanzierung der Landesbanken vermutlich noch einmal verteuern. Dass sie sich höhere Refinanzierungskosten eigentlich nicht leisten können, zeigen die Geschäftsergebnisse. So hat die **Landesbank Baden-Württemberg (LBBW)** in diesen Tagen einen Quartalsverlust von 191 Millionen Euro präsentiert. Insgesamt konnte die Bank 2011 allerdings ein Plus von 410 Millionen Euro erwirtschaften. Erhöhte Anforderungen an das Eigenkapital - sei es infolge des Beschlusses von Brüssel oder wegen Basel III - kann die Bank nicht durch den Geschäftsbetrieb erfüllen. Derzeit wird darum mit den Trägern diskutiert, ob stille Einlagen in Kernkapital umgewidmet werden können. Erst 2009 hatte die LBBW fünf Milliarden Euro von der öffentlichen Hand erhalten. Zusammen mit der **Nord/LB** steht die LBBW im Verdacht, die größten Probleme mit der auf neun Prozent angehobenen Kernkapitalquote zu bekommen. Keinen Kapitalbedarf haben nach inoffiziellen Informationen die **HSH Nordbank** und die **BayernLB**. Die **Helaba** muss darauf hoffen, dass ihre stillen Einlagen als Kernkapital anerkannt werden. Noch voll im Gange ist die Zerschlagung der einst mächtigen **WestLB**. (11), (12), (13), (14), (15)

Ganz anders als den mit schwerer See kämpfenden

Banken geht es den **Bausparkassen**. Die Staatschuldenkrise in der EU und die Angst vor einer steigenden Inflation lässt immer mehr Menschen auf ein Eigenheim hinsparen. So meldeten die Bausparkassen für das vergangene Jahr 3,2 Millionen Neuverträge mit einem Volumen von rekordverdächtigen 93,3 Milliarden Euro. In den ersten sechs Monaten dieses Jahres sind bereits 1,7 Millionen Bausparverträge abgeschlossen worden. Gegenüber dem Vorjahreszeitraum bedeutet dies ein Plus um fast 100 000 Bausparverträge beziehungsweise 6,1 Prozent. Gemessen an der Bausparsumme legte das Brutto-Neugeschäft im ersten Halbjahr 2011 sogar von 44,60 Milliarden Euro auf 50,12 Milliarden Euro zu, also um stolze 12,4 Prozent. Von den rasanten Zuwächsen profitieren die 13 privaten und die zehn öffentlich-rechtlich verfassten Landesbausparkassen der Sparkassen gleichermaßen. (21)

Internationaler Bankenmarkt

Über die **US-Banken** kursieren in letzter Zeit Berichte, die die von den Instituten verbreiteten Erfolgsmeldungen in Frage stellen. Angeblich verbuchen die US-Banken trotz der schwachen Kapitalmärkte, Rezessionssorgen und riesigen Abschreibungen Milliardengewinne. Die zweitgrößte

Bank der USA, Morgan Stanley, hat beispielsweise kürzlich einen Gewinn von 2,2 Milliarden Dollar gemeldet. Kritische Beobachter unterstellen der Bank jedoch einen ebenso wirksamen wie fragwürdigen Bilanztrick. So sollen die US-Institute den sinkenden Wert ausstehender Anleihen nutzen, um eigene Verbindlichkeiten herunterzurechnen. Wie es um die Ertragslage der US-Banken in Wahrheit steht, darüber kann darum nur spekuliert werden. Schwierigkeiten werden den Kreditinstituten die neuen Regulierungsmaßnahmen der Regierung machen. So wird die nach dem ehemaligen US-Notenbank-Chef Paul Volcker benannte Volcker-Regel mit ihrem Spekulationsverbot in Kraft treten, das die großen Banken Schätzungen zufolge 25 Prozent ihrer Erträge aus dem Handelsgeschäft kosten dürfte. Allein die Umsetzung der Regel kostet die Banken etwa zwei Milliarden Dollar. Darüber hinaus ist vor kurzem ein neues Gesetz in Kraft getreten, das die Gebühren begrenzt, die die Banken Einzelhändlern für Kreditkartentransaktionen in Rechnung stellen dürfen. JP Morgan rechnet damit, dass hieraus alleine im vierten Quartal Mindereinnahmen in Höhe von 300 Millionen Dollar resultieren werden. (16)

Als die großen Gewinner der Finanzkrise gelten weiterhin die **chinesischen Banken**. Gerade hat die größte chinesische Bank, die Industrial and

Commercial Bank of China (ICBC), einen Gewinnanstieg im ersten Halbjahr 2011 um fast 30 Prozent gemeldet. Damit ist die ICBC mittlerweile zur profitabelsten Bank der Welt aufgestiegen. Auch die vier anderen großen chinesischen Banken - die China Construction Bank (CCB), Bank of China (BOC), Agricultural Bank of China (ABC) und die Bank of Communications (BoCom) - verzeichnen seit Jahren Rekordgewinne. Trotz der immer neuen Rekordgewinne sehen manche Experten den chinesischen Bankenmarkt jedoch auf tönernen Füßen. Gemutmaßt wird, dass der gesamte Kreditsektor auf einer riesigen Blase von Krediten sitzt, deren Rückzahlung nicht wahrscheinlich ist. Vermutet werden faule Kredite in Höhe von 1,2 Billionen Euro. (17)

Weiterhin der größte Bankenmarkt der Welt ist **Europa**. 247 westeuropäische Banken befinden sich unter den Top 1 000 und halten gut 38 Prozent des Kernkapitals. Gemessen an der Bilanzsumme stellen sie sechs der zehn größten Institute der Welt, allen voran die französische BNP Paribas, gefolgt von der Deutschen Bank. Dennoch beschwören Experten die Gefahr, dass Europas Banken von den US-Instituten und den chinesischen Wettbewerbern abgehängt werden. So stehen beispielsweise zwei irische Banken an der Spitze der 25 größten Kapitalvernichter. Auch drei deutsche Banken finden sich in der Liste der

Ertragsschlusslichter: die IKB Deutsche Industriebank, die Hypo Real Estate und die Landesbank Baden-Württemberg. Die zukünftige Stellung des europäischen Kreditsektors im Vergleich mit anderen Regionen wird stark davon abhängen, ob die EU-Schuldenkrise in den Griff zu bekommen ist. Gerade die französischen Großbanken leiden derzeit unter ihrem starken Engagement in griechischen Staatsanleihen und haben darum an den Börsen enorm an Wert verloren. Griechenlands Banken halten einer Untersuchung der Citigroup zufolge griechische Staatsanleihen im Wert von 78 Milliarden Dollar. (18), (20), [Abb. 1], [Abb. 2]

Trends

Schattenbanken verschieben Milliardensummen

Ein unterschwelliges Problem weltweit ist das starke Anwachsen der von Schattenbanken bewegten Geldvolumen. Experten glauben, dass Schattenbankensystem, zu dem unter anderem Hedgefonds, Private-Equity- und Private-Debt-Investoren, Zweckgesellschaften, Verbriefungsvehikel und Geldmarktfonds zählen, seit dem Crash 2008 schon wieder stark gewachsen ist. Der Markt mit verbrieften Kreditversicherungen soll nach Aussage des Sparkassenpräsidenten Heinrich Haasis mittlerweile das Zehnfache der weltweiten Wirtschaftsleistung betragen. Grundproblem ist, dass staatliche Regulierungsmaßnahmen bei den Nicht-Banken kaum greifen - obwohl sie oft mehr Geld hin und her schieben als der reguläre Kreditsektor. (19), (23)

Untergrundbanken in China

Im Reich der Mitte entwickelt sich derzeit eine ganz eigene Form der Schattenbanken-Wirtschaft. Sogenannte Untergrundbanken leihen sich Geld zum günstigen Staatszins bei den regulären Banken und verleihen das Geld für bis zu 60 Prozent Zinsen weiter. Das hieraus entstandene Geflecht illegaler Kreditbeziehungen könnte nach Expertenansicht das gesamte Bankensystem Chinas ins Wanken bringen. (22)

Zahlen & Fakten

Abbildung 1: Angelsächsische Banken auf festen

Fundamenten

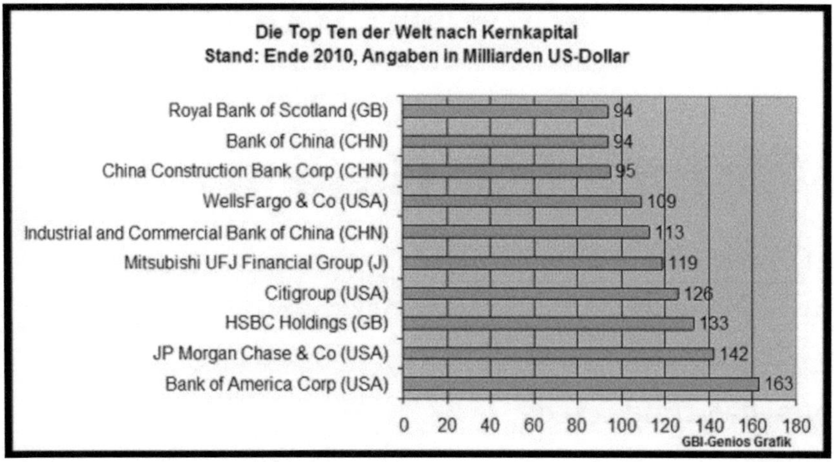

Quelle: The Banker

Entnommen aus: Die Bank, Heft 09/2011, S. 8-13 (16)

Abbildung 2: Deutsche Bank die weltweite Nr. 2

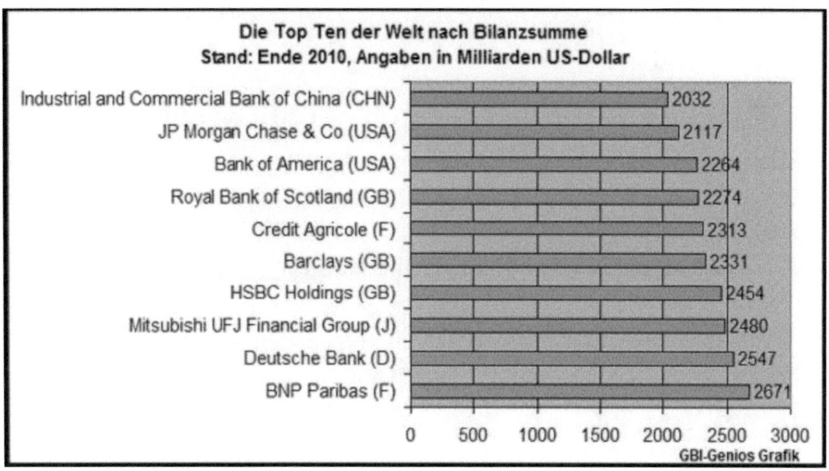

Quelle: The Banker

Entnommen aus: Die Bank, Heft 09/2011, S. 8-13 (16)

Weiterführende Literatur

(1) Zwölf Deutsche Banken bestehen EU-Stresstest
aus www.LifeGen.de, 15.07.2011

(2) Atempause für Athen
aus www.LifeGen.de, 15.07.2011

(3) Finanzwelt: Deutsche Banken trifft der Schuldenschnitt kaum
aus www.LifeGen.de, 15.07.2011

(4) EU stemmt Masterplan zur Euro-Rettung
aus www.LifeGen.de, 15.07.2011

(5) Drei Jahre nach Lehman - wo steht das Finanzsystem?
aus Zeitschrift für das gesamte Kreditwesen 18 vom 15.09.2011 Seite 946

(6) Bankenregulierung - Teures Sicherheitspolster
aus ProFirma, Vol. 14, Heft 11/2011, S. 44-48

(7) Image-Krise der Banken: “Die Baustelle ist so groß, das schafft keiner allein.”
aus W&V Online-Magazin vom 27.10.2011

(8) Deutsche Bank solide Zahlen für Q3
aus W&V Online-Magazin vom 27.10.2011

(9) Commerzbank braucht drei Milliarden Euro
aus manager-magazin.de vom 27.10.2011

(10) Deutsche Bank braucht keine Staatshilfe
aus Frankfurter Allgemeine Zeitung, 26.10.2011, Nr. 249, S. 17

(11) Das größte Risiko steckt in der HRE-Bad Bank
aus Frankfurter Allgemeine Zeitung, 26.10.2011, Nr. 249, S. 14

(12) Kein Staatsgeld für deutsche Institute Aufsicht signalisiert Banken solide Kapitalausstattung // Länder streiten noch um die Bewertung von Staatsanleihen
aus Financial Times Deutschland vom 26.10.2011, Seite 15

(13) Landesbanken 2010/2011 / Landesbank Baden-Württemberg / Bayern-LB / Nord-LB / WestLB / Helaba - Landesbank Hessen-Thüringen / HSH Nordbank AG / Landesbank Berlin Holding / Landesbank Saar
aus Zeitschrift für das gesamte Kreditwesen 17 vom 01.09.2011 Seite 907

(14) Der Beitrag der Kreditgenossenschaften zur Finanzstabilität
aus Zeitschrift für das gesamte Kreditwesen 18 vom

15.09.2011 Seite 959

(15) Direktbanken bleiben auf Wachstumskurs
aus Die Bank, Heft 08/2011, S. 34-36

(16) Neue Rangordnung in der Bankenwelt
aus Die Bank, Heft 09/2011, S. 8-13

(17) Die chinesischen Banken - Bewegung auf dünnem Eis
aus Zeitschrift für das gesamte Kreditwesen 20 vom 15.10.2011 Seite 1044

(18) 90 Prozent Wertverlust
aus Frankfurter Allgemeine Zeitung, 26.10.2011, Nr. 249, S. 15

(19) Die heimliche Macht
aus FINANCE - Der Markt für Unternehmen und Finanzen Heft 9 vom 26.08.2011, Seite 8

(20) Französische Banken von allen Seiten unter Beschuss
aus Finanz und Wirtschaft vom 14.09.2011, Seite 27

(21) Bilanzvergleich der Bausparkassen 2010: wieder auf Wachstum eingestellt
aus Immobilien & Finanzierung - Der Langfristige Kredit 17 vom 01.09.2011

(22) China taumelt Finanz-Crash entgegen
aus DIE WELT, 15.10.2011, Nr. 241, S. 17

(23) Schattenbanken - Finanzjongleure verschieben

schon wieder Milliardensummen
aus GENIOS BranchenWissen Nr. 10 vom 25.10.2011

(24) EU-Schuldenkrise belastet Geschäftsbanken
aus Handelsblatt online vom 19.09.2011

Impressum

Branchenreport BANKEN Ausgabe 2/2011

Bibliografische Information der deutschen Nationalbibliothek

Die Deutsche Nationalbibliothek verzeichnet diese Publikation in der deutschen Nationalbibliografie; detaillierte bibliografische Daten sind im Internet über http://dnb.d-nb.de abrufbar.

ISBN: 978-3-7379-1855-8

oder ähnliche Einrichtungen und die Einspeicherung und Verarbeitung in elektronischen Systemen.